Créer Une Landing Page Qui Converti: Triplez Vos Ventes, Explosez Votre Mailing List En Moins De 15 Minutes Avec Une Squeeze Page Optimisée.

TABLE DES MATIÈRES

INTRODUCTION.

Bienvenue dans cette nouvelle formation qui va vous révéler tous les secrets pour créer une landing page avec des taux de conversion nettement supérieurs à ceux qu'obtiennent la très grande majorité des marketeurs sur Internet.

En effet, de très nombreux marketeurs en ligne perdent un temps fou et parfois des milliers d'euros à tester différentes versions de leur page de capture en jouant sur les mauvais paramètres, ou en ayant fait une version initiale qui ne converti pas ou que très peu.

Cette formation va ainsi vous éviter de perdre ce temps et cet argent précieux en vous épargnant tous ces efforts fastidieux de tâtonnement.

Vous posséderez en effet ce raccourci qui vous évitera de devoir vous y prendre à 100 fois comme la plupart des gens avant d'enfin réussir à créer une page de capture qui converti.

Bien évidemment, il serait prétentieux et mensonger de dire qu'il existe une recette miracle qui transforme 100% des visiteurs en prospects, et même le meilleur marketeur au monde ne pourrait obtenir un tel résultat.

Cependant, que vous soyez débutant ou marketeur confirmé, cette formation a le mérite de vous armer avec les outils et les principes les plus puissants pour vous assurer un démarrage sur les chapeaux de roues dans tous les aspects de création d'une landing page :

- L'aspect technique (et donc design). (module 1)
- L'aspect création de cadeau gratuit de qualité. (module 2)
- L'aspect copywriting de votre landing page. (module 3)
- L'aspect amélioration continue. (module 4)

Voici donc tout ce que vous allez apprendre pour créer en pas-à-pas votre landing page, en 4 modules :

Module #1
A la fin de ce module, vous saurez exactement comment créer le template de votre landing page d'un point de vue technique, c'est-à-dire comment obtenir la trame vide prête à remplir.

Vous verrez auparavant une définition claire de ce qu'est une landing page, de son but, ainsi que quelques exemples de landing pages qui convertissent.

Puis, vous découvrirez une vision d'ensemble du principe de fonctionnement d'un business en ligne à long terme, afin de comprendre comment s'inscrit votre landing page dans toute cette mécanique.

Une fois que vous aurez ces connaissances de base et définitions, vous verrez alors les quatre meilleurs moyens pour créer un template de landing page qui sera prêt à remplir.

Ainsi, vous ne serez plus jamais bloqué par la technique, comme le sont souvent un grand nombre de personnes qui débutent dans le marketing Internet.

Module #2

Ce module concernera le cadeau gratuit que vous donnez généralement en échange de l'inscription à une mailing liste.

Vous connaîtrez d'abord la réponse à la question que beaucoup de personnes se posent, à savoir : avez-vous réellement besoin aujourd'hui d'un cadeau gratuit ?

Le problème quand vous offrez un cadeau gratuit est qu'il ne faut pas proposer d'offrir n'importe quoi.

Certains cadeaux passeront en effet inaperçus et ne vous apporterons pas plus de conversions, surtout avec la concurrence omniprésente et le fait que quasiment tout le monde aujourd'hui propose un cadeau gratuit.

Vous allez donc voir ici quel est le type de cadeau qui fonctionne le mieux aujourd'hui et le type de format qui bat de loin tous les autres, et comment créer un cadeau gratuit irrésistible que les gens vont s'arracher, en une poignée de minutes.

Module #3
Le module trois va vous expliquer en détails quoi écrire exactement sur votre landing page.

Savoir quoi écrire exactement est très certainement le plus gros problème que rencontrent les gens pour faire une page de capture qui converti.

Ainsi, vous allez ici être armé de principes clés à respecter ainsi que d'une formule largement prouvée qui va vous donner des taux de conversion record, qu'il vous suffira simplement à appliquer.

A lui seul, ce module fera une différence décisive dans vos résultats de conversion qui n'auront plus rien à voir avec ce que vous pouviez obtenir avant.

Module #4
A la fin de ce module, vous irez encore plus loin et découvrirez comment améliorer encore davantage votre landing page dont la version initiale vous apportera déjà des résultats bluffants.

Vous saurez ainsi comment utiliser le split-testing et découvrirez les meilleurs outils de split-testing pour vous permettre de tester en permanence plusieurs versions de votre landing page, et améliorer en permanence vos résultats.

Voilà donc le programme passionnant qui vous attend dans cette formation.

Si vous suivez les principes de cette formation à la lettre, vous passerez très certainement devant tout le monde et la très grande majorité des marketeurs en ligne, même si vous êtes aujourd'hui un parfait débutant.

Vous arriverez très probablement jusqu'à tripler vos ventes voire plus, et vous construirez votre mailing liste de prospects qualifiés à une vitesse vertigineuse.

Tout ceci vous assurera ainsi très rapidement à la fois une sécurité financière, et la construction d'un business très solide sur le long terme et qui ne s'effritera pas au bout de quelques mois.

En effet, la liste impressionnante de prospects qualifiés que vous aurez ainsi bâtie prendra soin de vous aussi longtemps que vous souhaiterez faire du business sur Internet.

A chaque fois que vous aurez un nouveau produit à promouvoir dans votre thématique, il vous suffira d'envoyer une série de trois ou quatre emails à votre mailing liste.

Vous déclencherez ainsi des torrents de ventes car vos prospects seront qualifiés dans votre thématique et seront donc mis en face du type de produits qu'ils recherchent pour résoudre leurs problèmes.

Vous pourrez ainsi créer autant de landing pages dans autant de marchés de niche et thématiques que vous le souhaitez, et obtiendrez à chaque fois des résultats bluffants car vous connaîtrez la formule d'une landing page qui converti.

Passons tout de suite au module 1 en page suivante pour voir quelques définition et les meilleurs moyens pour créer la trame de votre landing page d'un point de vue technique en seulement quelques clics de souris, même si vous n'y connaissez rien en programmation.

MODULE #1: DÉFINITIONS ET L'ASPECT TECHNIQUE POUR CRÉER LA TRAME DE VOTRE LANDING PAGE EN SEULEMENT QUELQUES CLICS.

A la fin de ce module, vous saurez exactement comment créer une trame de landing page d'un point de vue technique, qui sera prête à remplir, même si vous n'y connaissez absolument rien en programmation.

Vous verrez ainsi les quatre meilleurs moyens de créer cette trame, en seulement quelques clics de souris.

Mais juste avant, vous verrez une définition d'une landing page, son but, ainsi que la manière dont elle s'inscrit dans le fonctionnement général d'un business en ligne à long terme.

Définition simple et rapide d'une landing page.

Répondons à cette question en établissant d'abord ce qu'une landing page n'est pas.

Ceci est important car il existe de nombreuses définitions qui flottent ci et là sur ce qu'est une landing page.

La plus grande différence en termes de définition qu'on peut voir est de dire qu'une landing page désigne toute page web sur laquelle arrive un internaute après avoir cliqué sur un lien.

Si cette définition n'est pas fausse en soi, beaucoup de marketeurs préfèrent la différencier davantage.

Aussi, on appellera une landing page toute page web sur laquelle arrive un internaute, et qui :

1- Possède un formulaire.

2- Existe uniquement pour capturer l'information d'un visiteur -dont au minimum son adresse email- au travers ce formulaire.

On peut aussi trouver les termes "page de capture" ou "squeeze page", qui ont exactement la même définition que celle que l'on vient de donner ci-dessus pour la landing page.

But d'une landing page.

On l'a vu dans la définition, une landing page n'a qu'un seul et unique but : **capturer le prospect.**

Par capturer le prospect, on entend capturer au minimum son adresse email afin de pouvoir par la suite le relancer en lui proposant des produits susceptibles de l'intéresser.

C'est tout la puissance d'une landing page.

Si vous n'avez pas de landing page et que vous envoyez directement les visiteurs sur une page de vente, il y a en moyenne sur 100 visiteurs seulement 1 ou 2% qui achèteront, en considérant que ce sont des personnes déjà qualifiées et intéressées par le type de produit que vous vendez.

Autrement dit, si vous n'utilisez pas de landing page, vous perdez 98 à 99% des visiteurs qui ne reviendront jamais sur votre site, et qui auraient pu acheter si vous aviez pu avoir leur adresse email pour les redémarcher ensuite.

De plus, vous ne construisez pas votre mailing liste, ce qui est probablement la plus grosse erreur que vous puissiez faire si vous faites du business en ligne.

Construire votre mailing liste est donc de loin ce qu'il y a de plus important pour bâtir un véritable empire sur Internet à long terme.

En effet, lorsque vous avez suffisamment de prospects sur votre liste, vous n'avez plus besoin d'acheter de la publicité pour vendre vos produits.

Il vous suffit d'envoyer une petite séquence de trois à quatre emails à votre liste qui est déjà qualifiée et donc susceptible d'être intéressée par les produits dont vous allez leur faire la promotion.

Vous pouvez ainsi littéralement imprimer de l'argent à la demande, si par exemple vous avez une fin de mois difficile ou une facture imprévue à payer.

Et c'est tout le but et l'intérêt d'une landing page : pouvoir capturer les prospects pour bâtir votre mailing liste qui est votre trésor le plus précieux pour la construction d'un business en ligne à long terme.

Voyons maintenant quelques exemples du type de landing pages qu'on veut obtenir.

Exemples de landing pages.

Comme l'a dit Stephen Covey dans son livre "Les sept habitudes des gens efficaces", nous allons commencer par visualiser le résultat final qu'on veut obtenir.

Voici donc 5 exemples différents de landing pages telles qu'on voudra les obtenir (qui apparaissent en niveaux de gris dans cette édition) :

Exemple de landing page n°1 :

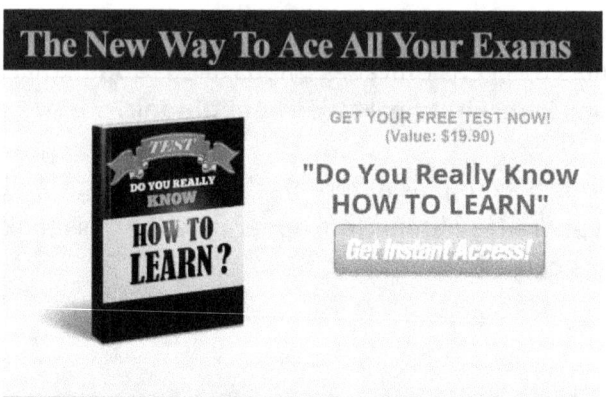

Ce premier exemple provient d'un de mes sites web faisant la promotion d'une méthode permettant aux étudiants de réussir leurs examens et leurs études.

Dans ce cas présent, j'utilise un cadeau gratuit qui est un test à passer pour savoir si les étudiants savent vraiment apprendre efficacement.

Exemple de landing page n°2 :

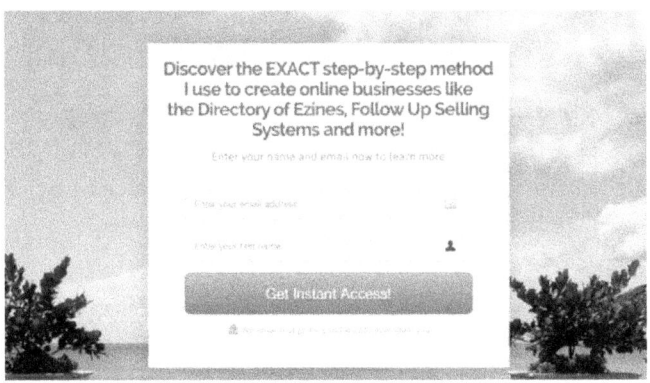

Voici un autre exemple d'une page de capture pour illustrer deux choses :

La première est qu'une page de capture peut être super simple. Cette page a été faite avec Optimize Press en littéralement moins de cinq minutes.

La deuxième est que cette page de capture, malgré sa simplicité, donne pourtant des taux de conversion record, alors qu'il ne s'agit ni plus ni moins que d'un simple formulaire.

Exemple de landing page n°3 :

Ce troisième exemple montre une landing page un peu plus élaborée. C'est ce qu'on peut appeler une landing page "traditionnelle".

Elle possède un titre, un sous-titre, une liste de points et un appel à l'action efficace ainsi qu'une offre de cadeau gratuit.

Exemple de landing page n°4 :

Cette landing page concerne un cours pour apprendre comment générer du trafic en utilisant de la publicité payante.

C'est également ici une page de capture de type traditionnel.

Elle possède un titre, un sous-titre, une liste de quelques points et un appel à l'action.

Vous pouvez ainsi voir qu'une landing page peut être super simple et super profitable.

Exemple de landing page n°5 :

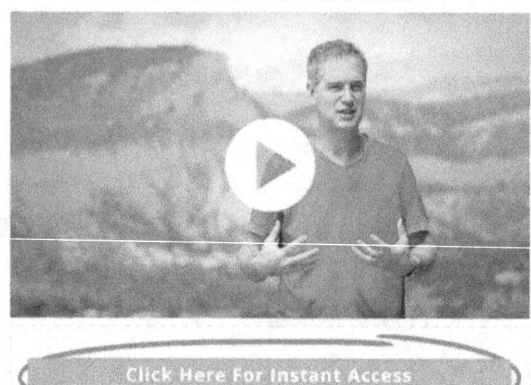

Voici une landing page de Jeff Walker qui offre une vidéo en guise de cadeau.

Elle possède un titre, une vidéo explicative et un bouton qui demande de cliquer pour un accès instantané à la vidéo cadeau.

Et quand vous cliquez, une fenêtre sous forme de pop-up s'affiche pour faire apparaître le formulaire :

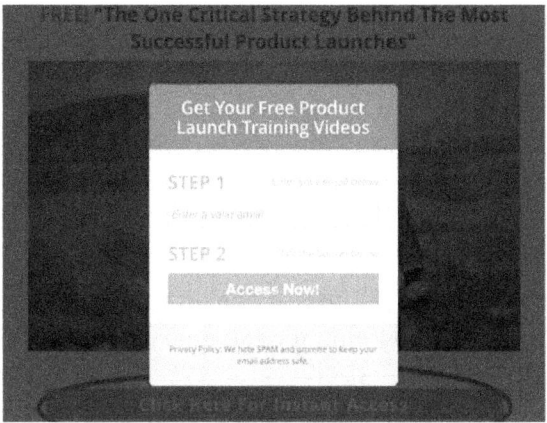

Ce processus qui met en oeuvre deux étapes pour s'inscrire s'appelle le "two step opt-in".

Il n'y a plus qu'à entrer l'adresse email et cliquer sur "Access Now!" pour accéder à la vidéo donnée en cadeau.

Ces exemples vous montrent ainsi deux choses essentielles.

La première est qu'une landing page peut être extrêmement simple. Aucune ne ces pages n'a pris beaucoup de temps à être créée.

La deuxième, est qu'il n'existe pas un seul et unique "bon" moyen de créer une landing page qui converti, comme on l'a évoqué à l'introduction.

Ainsi, il ne faut surtout pas que vous pensiez qu'il existe une formule figée et que plus rien ne va marcher si jamais vous osez en changer un petit élément, un peu comme un chèque qui ne pourrait pas être encaissé si jamais vous oubliez de signer avec votre nom.

Ce n'est pas le but de cette formation.

Le but ici est que vous armer des principes fondamentaux qui fonctionnent excessivement bien, et réutilisables encore et encore.

Vous voudrez ainsi appliquer ces principes et commencer de cette manière, et ensuite raffiner par vous-mêmes.

Il n'y a pas un seul bon moyen, donc ne vous inquiétez pas en vous imaginant que vous allez faire les choses de la mauvaise manière.

Suivez simplement le processus que vous allez découvrir et vous aurez la garantie de faire un démarrage extrêmement puissant et d'obtenir des résultats bluffants.

Il est maintenant temps de voir les meilleurs moyens et outils que vous pouvez utiliser pour créer votre landing page.

Mais juste avant, il est important de vous donner une vision d'ensemble du fonctionnement général d'un business en ligne à long terme, afin que vous puissiez comprendre la place et le rôle qu'occupe votre landing page au sein de cette mécanique.

Place d'une landing page dans le fonctionnement général d'un business en ligne durable.

Peut-être que vous connaissez déjà le processus général dont fonctionne un business en ligne durable sur le long terme.

Il est cependant bon de l'expliquer à nouveau ici, surtout si vous débutez dans le marketing Internet, afin de comprendre comment s'inscrit votre landing page dans l'ensemble de ce processus.

Même si vous maîtrisez déjà très bien ce processus, vous apprendrez peut-être aussi quelques petits trucs qui vous permettront de tirer le meilleur parti de toute cette mécanique.

Tout ce processus peut se résumer facilement à l'aide du schéma suivant :

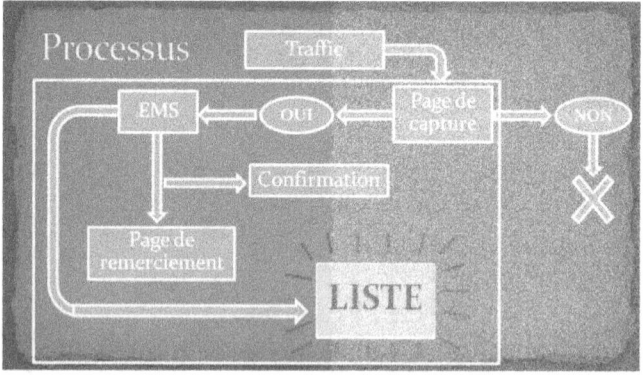

En premier lieu, vous envoyez d'abord vos visiteurs sur votre page de capture.

S'ils cliquent sur le bouton de votre landing page, alors ils sont automatiquement inscrits à votre mailing liste par un autorépondeur ou EMS (Email Management Service).

L'autorépondeur n'est en fait rien d'autre qu'un service qui permet de gérer toute votre liste de prospects.

Vous pouvez ainsi leur envoyer soit des emails en broadcast (c'est à dire des emails que vous envoyez à la volée au moment où vous venez de les écrire), soit écrire à l'avance et programmer une série d'emails qui sera envoyée à un jour et à une heure que vous choisirez, et à un intervalle entre les emails que vous définirez (ce qui s'appelle une séquence de follow-up).

En même temps que vos prospects sont ajoutés à votre mailing liste, ils sont aussi redirigés vers une autre page web qui peut-être une page de remerciement, ou toute autre page que vous voulez.

Il peut par exemple s'agir d'une page sur laquelle ils peuvent télécharger leur cadeau gratuit, de votre page de vente, ou alors de la page de vente d'un produit dont vous faites la promotion en affiliation.

Notez que vous pouvez aussi choisir de mettre un paramètre additionnel dans votre autorépondeur pour que les prospects ne soient pas systématiquement inscrits à votre liste dès qu'ils cliquent sur le bouton de votre landing page.

Si vous faites ça, ils vont d'abord recevoir un message leur demandant de cliquer sur un lien pour confirmer leur inscription à votre mailing liste.

Par défaut, ce lien de confirmation les redirigera vers une page basique leur indiquant que leur inscription à bien été prise en compte.

Mais vous pouvez profiter de ce lien pour les rediriger vers une page sur laquelle ils pourront télécharger leur cadeau gratuit, ou mettre le lien de téléchargement direct de votre cadeau gratuit (on reparlera du cadeau gratuit au module 2).

Ainsi, un seul clic de souris leur permet à la fois de recevoir leur cadeau et de confirmer leur inscription.

L'avantage de demander une confirmation est que vous allez peut-être avoir moins d'inscrits sur votre mailing liste, mais ces inscrits seront beaucoup plus qualifiés.

Vous améliorez ainsi la qualité de votre liste, et augmentez les chances que ces personnes achètent un de vos produits.

En revanche, si les gens sont ajoutés directement sans confirmation, votre liste sera certes plus volumineuse, mais de qualité moindre.

En effet, certains petits malins s'amusent à mettre de fausses adresses email juste pour recevoir le cadeau qui se trouve souvent en page suivante.

Ça pollue ainsi votre mailing liste avec des adresses bidon qui n'ouvriront jamais vos emails, faisant chuter vos statistiques et taux de réponse.

Pour éviter ça, une astuce consiste à leur envoyer leur cadeau non pas sur la page suivant immédiatement l'inscription, mais via un lien dans le premier email de bienvenue qu'ils vont recevoir.

Vous pourrez ainsi utiliser la page qui suit l'inscription à des fins marketing de la manière suivante :

D'abord, vous les prévenez sur cette page qu'ils vont recevoir un email de votre part avec le lien pour télécharger votre cadeau.

Puis en dessous, vous leur demandez de réaliser une ou deux actions.

En effet, il n'y a pas de meilleur moment pour amener un prospect à passer à l'action que le moment où il vient de s'inscrire à votre mailing liste.

C'est donc le moment idéal pour leur demander par exemple de partager votre page avec leurs amis, de s'inscrire à un webinaire, ou encore de mettre une version raccourcie de votre page de vente.

Toute action supplémentaire qui peut servir votre cause est bonne à prendre, et vous serez surpris des résultats que vous pourrez obtenir avec cette stratégie.

Ceci termine cette partie.

Maintenant que vous savez comment s'inscrit votre page de capture dans le fonctionnement d'un business en ligne durable et que vous savez astucieusement comment tirer le meilleur parti de cette mécanique, il est temps de découvrir les meilleurs moyens pour créer la trame votre landing page d'un point de vue technique.

Les quatre meilleurs moyens pour créer techniquement une trame de landing page.

Quand on débute dans le marketing Internet, le simple fait de vouloir créer un template de landing page peut être un vrai obstacle, surtout si on ne s'y connaît pas en technique.

La bonne nouvelle, c'est qu'aujourd'hui vous n'avez absolument plus besoin d'y connaître quoi que ce soit en technique pour créer votre landing page.

Avant de voir ces moyens, notez qu'il vous faudra avant toute chose vous équiper avec un autorépondeur afin de pouvoir ajouter et gérer les gens qui s'inscrivent à votre mailing liste et leur envoyer ensuite des séquences d'emails comme on a vu précédemment.

Le meilleur service d'autorépondeur est probablement Aweber, mais vous en avez plein d'autres très performants comme Getresponse, iContact ou encore MailChimp.

Si vous n'en avez pas encore, regardez celui qui vous convient le mieux et prenez-en un.

Vous allez maintenant voir les quatre meilleurs moyens pour créer facilement un template de landing page qui sera prêt à remplir.

Moyen n°1 : votre blog.

Si vous avez un blog Wordpress actuellement, le thème que vous utilisez sur votre blog peut créer une page, ce n'est donc vraiment pas difficile.

Par ailleurs, la plupart des thèmes de blog aujourd'hui, tels qu'Optimize Press, Genesis, ou Thesis intègrent des templates de landing pages.

Regardez votre thème Wordpress et voyez si vous avez ça. Sinon, vous pouvez utiliser un plugin comme Optimize Press.

En effet, Optimize Press existe sous forme de thème mais aussi de plugin, afin de permettre à ceux qui ont déjà un thème de blog qu'ils souhaitent conserver de profiter tout de même des fonctionnalités de création de landing pages, pages de vente ou de création de sites à abonnement.

Optimize Press est cependant une option payante et le but n'est évidemment pas de mettre un lien d'affiliation et vous le faire acheter à tout prix, mais juste vous indiquer que c'est une option possible, et c'est celle que j'utilise personnellement et qui fonctionne très bien.

Il y a bien entendu tout un tas d'autres plugins pour Wordpress qui sont excellents pour créer une landing page, et vous en avez beaucoup de gratuits également.

Vous pouvez ainsi les trouver très facilement.

Allez simplement par exemple sur le site de Wordpress (https://fr.wordpress.org/plugins/) et tapez le mot clé "landing page" dans la barre de recherche. Vous n'aurez que l'embarras du choix.

Moyen n°2 : un service comme LeadPages.

Vous pouvez aussi utiliser un service comme LeadPages.

LeadPages n'est pas le seul service de création de landing pages sur Internet, mais c'est probablement le meilleur.

Ce service fonctionne sur une base d'abonnement mensuel ou à l'année.

Si la technique vous rebute, alors LeadPages sera certainement le moyen le plus simple de créer votre landing page et il y a fort à parier que vous n'avez jamais utilisé quelque chose d'aussi simple.

De plus, ils offrent des templates intéressants qui justifient le prix de leur abonnement, même pour ceux qui ont de bonnes compétences techniques pour créer des landing pages avec des thèmes ou plugins comme Optimize Press.

Moyen n°3 : votre autorépondeur.

Utiliser votre autorépondeur pour créer une landing page est une option que beaucoup de gens survolent généralement, mais qui fonctionne pourtant.

Si vous utilisez des autorépondeurs comme Aweber, Getresponse ou MailChimp, tous ces services de management d'email peuvent héberger pour vous un formulaire sur Internet qui peut être votre landing page.

Vous pouvez aussi héberger vous-même ce formulaire sur une des pages de votre site.

En d'autres termes, vous n'avez pas besoin de dépenser le moindre centime pour un quelconque plugin ou service de création de landing page si tel est votre souhait et si vous utilisez déjà un de ces autorépondeurs.

Vous pouvez simplement utiliser votre autorépondeur, créer un formulaire qui vous servira de page de capture et le faire héberger par leurs serveurs tout simplement.

Ce n'est peut-être pas la meilleure des solutions, mais cette stratégie fonctionne.

Moyen n°4 : sous-traiter.

Une dernière option consiste à faire sous-traiter la création de votre squeeze page par un expert.

Cette option est peut-être la moins intéressante de toutes, et vous n'avez normalement pas besoin de faire ça avec les autres moyens que vous avez vus précédemment.

Mais si vous décidez tout de même de sous-traiter, vous pouvez avoir un très bon template de landing page pour quelques dollars ou euros, en allant sur des sites comme Fiverr, Elance ou Odesk.

Ainsi, si vous ne voulez absolument pas vous embêter à faire quoi que ce soit vous-mêmes, vous pouvez utiliser cette option.

Il vous suffit alors de trouver un modèle de landing page qui vous plaît quelque part sur Internet, contacter un prestataire sur un site comme ceux mentionnés ci-dessus et lui dire que vous voulez qu'il vous crée une page comme celle que vous avez repéré.

Cette personne pourra même ensuite mettre cette page sur votre site web pour vous.

Ainsi, vous voyez que ce ne sont pas les options qui manquent et qu'il est extrêmement facile de créer une page de capture.

Ceci termine ce premier module.

Vous avez maintenant une définition précise de ce qu'est une landing page, connaissez son but et avez vu quelques exemples.

Vous savez également comment s'inscrit votre page de capture dans le fonctionnement d'un business durable sur Internet.

Enfin, vous connaissez les meilleurs moyens qui vous permettent de créer votre trame de landing page facilement et en seulement quelques clics de souris.

Il est maintenant temps dans le module 2 de créer votre cadeau gratuit qui sera donné à vos prospects en échange de leur inscription à votre mailing liste.

MODULE #2: CRÉEZ UN CADEAU GRATUIT IRRÉSISTIBLE À OFFRIR À VOS PROSPECTS.

A la fin de ce module, vous aurez la réponse à une question que beaucoup de marketeurs en ligne qui ont tout de prêt pour lancer leur business mais n'ont pas pris le temps de créer de cadeau gratuit se posent : avez-vous réellement besoin d'un cadeau gratuit ?

Vous connaîtrez également quels sont les types de cadeaux gratuits qui convertissent le mieux, et saurez comment facilement créer un cadeau gratuit irrésistible pour vos prospects en seulement quelques minutes.

Avez-vous réellement besoin d'un cadeau gratuit ?

Cette question pose très souvent un dilemme à de nombreux marketeurs en ligne.

En effet, ils se disent :

"Je suis prêt à publier ma landing page, tout mon système de vente derrière est également prêt, mais je n'ai pas de cadeau gratuit à proposer."

Ils restent alors bloqués sur ça à essayer d'écrire un rapport pendant un cycle pouvant aller de deux semaines à deux mois, et qui pourrait potentiellement attirer les prospects.

Ainsi, cette simple question est un gros point de blocage pour certaines personnes, d'où l'importance d'y répondre ici.

Alors, avez-vous réellement besoin d'un cadeau gratuit ?

La réponse est non, vous n'êtes pas absolument obligé d'avoir un cadeau gratuit à proposer.

Si vous vous rappelez les exemples de squeeze pages vues au module 1, celle de Jonathan Mizel et Tim Gross par exemple ne propose pas de cadeau gratuit.

La voici à nouveau :

Comme vous pouvez le voir, ils n'utilisent pas ici de cadeau gratuit à donner. Ils disent simplement quelque chose du genre : "inscrivez-vous pour avoir cette information".

Pourtant, ces deux marketeurs ont un succès incroyable en ligne.

Il est donc important pour vous de savoir que vous n'avez pas à tout prix besoin d'avoir un cadeau gratuit.

Voyons maintenant deux pages qui en utilisent un :

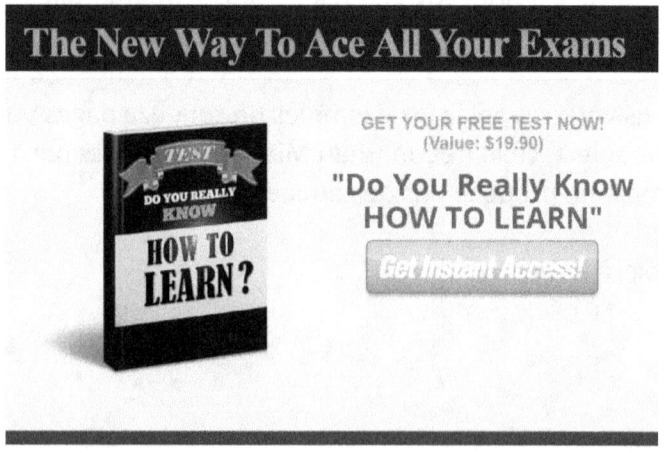

Sur cette page, le cadeau gratuit est un test à télécharger.

Cette autre page utilise également un cadeau gratuit :

Dans ce cas, le cadeau gratuit consiste en la visualisation d'une série de vidéos.

Ainsi pour résumer, on peut dire que dans l'absolu vous n'avez pas à tout prix besoin d'un cadeau gratuit, mais il est tout de même fortement recommandé d'en avoir un.

En effet, les tests montrent clairement qu'avoir un cadeau gratuit à offrir en échange d'une inscription à votre mailing liste vous donnera des taux de conversion bien plus élevés que si vous n'en avez pas.

Cela dit, beaucoup de marketeurs se posent aussi cette autre question concernant les cadeaux gratuits et se disent :

"J'aimerai utiliser un cadeau gratuit, mais n'est-ce-pas vrai que les gens vont juste le télécharger et ne jamais porter

attention à mes emails ou vont se désabonner juste après avoir eu leur cadeau ?"

C'est en effet vrai et c'est une réalité. Certaines personnes vont s'inscrire dans le seul but d'obtenir le cadeau.

Cependant, retenez qu'il est mieux d'avoir une chance d'avoir une conversation avec eux et de leur faire une offre plutôt que de les laisser partir dans la nature sans avoir l'opportunité de communiquer avec eux.

Imaginez que 100 personnes viennent sur votre site web.

Ne serait-il pas bien si 30 d'entre elles soient ajoutées à votre mailing liste de manière à vous donner au moins une chance de leur dire quelque chose qui les convainc que vous valez la peine d'être écouté et que peut-être ce que vous avez à offrir est pour eux ?

Bien sûr que oui.

Tous les marketeurs et commerciaux expérimentés vous le diront : si vous ne saisissez pas les opportunités pour raconter votre histoire suffisamment souvent, vous n'allez pas faire de ventes.

C'est aussi pour ça qu'avoir un cadeau gratuit est bien car ça permet d'avoir un maximum d'inscrits sur votre mailing liste.

Evidemment, vous en aurez certains qui sont juste là pour le cadeau et qui n'ouvriront jamais un seul de vos emails.

Cependant, il existe des techniques qui permettent de les supprimer au fil du temps, afin de ne pas avoir à payer votre autorépondeur pour des personnes qui n'ouvrent jamais vos emails.

Retenez donc que vous devez à tout prix chercher à obtenir le plus grand taux de conversion possible.

En effet, vous voulez vous créer une chance de raconter votre histoire au plus grand nombre de personnes possible, et c'est aussi pour ça qu'il est fortement recommandé d'avoir un cadeau gratuit à offrir.

Voyons maintenant le type de cadeau gratuit qui offre le taux de conversion le plus élevé.

Le meilleur type de cadeau gratuit qui offre le taux de conversion le plus élevé.

Il est souvent difficile de savoir quel est le meilleur type de cadeau gratuit à offrir, qui va vous apporter un taux de conversion maximal.

En effet, certaines personnes se disent :

"Je vais donner à mes prospects un webinaire sous forme d'une série de cinq vidéos."

D'autres vont penser à offrir ceci, et d'autres cela.

De nombreux marketeurs en ligne de référence se sont penchés sur la question et ont réalisé des tests en proposant de nombreux différents types de cadeaux gratuits.

Parmi les cadeaux proposés, on trouvait des choses telles que :

- Une heure de consulting gratuit.

- Une conversation téléphonique avec une personne bien connue du marketing Internet.

- Une invitation ou un replay de webinaire.

- Un podcast.

- Etc.

Ça peut paraître bizarre mais aujourd'hui encore, le meilleur choix pour un cadeau gratuit est un court fichier PDF téléchargeable.

L'avantage est que chaque ordinateur peut l'ouvrir, et ils peuvent même être ouverts sur les téléphones portables ou les tablettes.

Ainsi, si vous doutez et ne savez pas quel type de cadeau gratuit proposer, n'hésitez pas et optez directement pour un court rapport PDF téléchargeable.

Cependant, bien qu'aucun autre support ne bat ce type de cadeau gratuit, il ne faut pas pour autant mettre n'importe quoi dedans en termes de contenu.

En effet, si le contenu de votre rapport n'intéresse personne, il est évident que personne ne va vouloir s'inscrire.

Vous allez donc voir à la page suivante comment créer votre cadeau gratuit, -et donc ici votre fichier PDF-, pour qu'il soit irrésistible et vous apporte le taux de conversion le plus élevé possible dans votre thématique.

Comment créer votre cadeau gratuit irrésistible en quelques minutes.

Nous venons de voir qu'aujourd'hui encore, rien ne converti mieux qu'un court rapport sous forme de fichier PDF. C'est donc sur ce type de cadeau qu'on va se pencher ici.

Ainsi, vous allez voir ce qui doit exactement être mis dans votre fichier PDF pour le rendre irrésistible et maximiser les taux de conversion.

Nous allons pour ça détailler les cinq styles de fichiers PDF qui convertissent le mieux.

1- Un guide de ressources.

Un guide de ressources fonctionne très bien pour ça. Michael Hyatt est très connu pour ça, il offre un fichier PDF en disant : *"Regardez à l'intérieur de ma boite à outils."*

Ce qu'il fait ici est qu'il montre tous les outils qu'il utilise.

Ce n'est pas vraiment si magique que ça, mais ça converti incroyablement bien.

Il montre tous les outils qu'il utilise dans son business. Par exemple, il aime utiliser Keynote sur Mac, il aime utiliser l'application mail d'Apple, il aime utiliser une technologie qui s'appelle Slack pour communiquer etc.

Les guides de ressources sont vraiment intéressants car la psychologie ici est fascinante : les gens veulent savoir ce que ceux qui réussissent utilisent afin qu'ils puissent l'utiliser eux-aussi, dans l'espoir de réussir.

Les gens croient ainsi qu'en utilisant ces mêmes ressources, ils réussiront également de la même façon.

Et il y a beaucoup de vérité là dedans. C'est la raison pour laquelle un guide de ressources fonctionne à merveille.

2- Une fiche de raccourci.

Les fiches de raccourci, ou fiches "de triche" constituent d'excellents cadeaux gratuits, car elles promettent de pouvoir faire quelque chose rapidement, facilement, et avec moins d'effort.

En effet, apprendre de vos erreurs est bien, mais apprendre des erreurs des autres est encore mieux.

C'est exactement ce qu'une fiche de raccourci promet en véhiculant le message suivant : *"Vous pouvez prendre mon expérience et l'utiliser pour vous en suivant cette fiche de raccourci."*

3- Les templates.

Les templates fonctionnent très bien également. Ils vous donnent une procédure ou une trame pour faire telle ou telle chose.

Par exemple :

- Comment écrire un titre.

- Comment écrire un article de blog qui vend.

- Etc.

Les templates constituent un cadeau gratuit très efficace qui converti à merveille.

En effet, les gens sont friands de procédures, de trames, de démarches pas-à-pas qui leur expliquent comment faire telle ou telle chose partiellement ou en totalité, en partant de zéro.

4- Les guides "X moyens de".

Les guides du style X moyens de faire ceci ou cela fonctionnent eux aussi très bien.

Par exemple :

- 7 moyens pour obtenir du trafic ciblé.

- 5 trucs pour économiser de l'argent en vacances.

- 3 manières redoutables pour aborder une femme.

- Etc.

Vous pourrez facilement réaliser ce genre de guide en décomposant et segmentant par exemple une grande idée en un certain nombre de moyens ou d'étapes.

5- Les guides "X jours".

Une autre chose qui fonctionne remarquablement bien est de montrer à quelqu'un comment faire quelque chose en une certaine durée de temps.

Par exemple :

- Comment perdre 10 kg en 20 jours.

- Comment arrêter de fumer définitivement en 48 heures.

- La technique légale pour sortir du surendettement en moins de deux semaines.

Le genre de choses limitées dans le temps ou qui dépendent du temps sont très populaires en tant que cadeaux gratuits.

Vous avez maintenant une liste de cinq différents styles de rapports PDF qui donnent les meilleurs taux de conversion.

Notez que vous n'avez pas besoin d'avoir un rapport long. Vous pouvez très bien proposer un cadeau gratuit qui ne contient que 2 ou 3 pages, parfois même une seule.

Les gens aiment pouvoir consommer l'information rapidement, et que cette information aille droit au but, sans leur faire perdre du temps inutilement.

Au contraire, si votre rapport PDF est aussi long qu'un livre de 100 ou 150 pages, les gens risquent de se demander où se trouve le piège et qu'est ce qui justifie que vous leur donniez gratuitement un cadeau avec autant d'informations.

Pensez donc à faire vos rapports PDF courts.

Si vous ne voulez pas le faire vous-même, vous pouvez aussi le sous-traiter, mais vous ne devriez pas avoir besoin de plus de quelques minutes pour le réaliser.

Voyons voir maintenant comment tourner le contenu de ces cinq styles de rapports PDF courts pour les rendre irrésistibles.

En effet, si vous choisissez de créer un rapport PDF du style "X moyens de" mais que votre sujet est par exemple *"3 moyens d'arroser les géraniums dans les steppes de Sibérie"* ou *"5 façons de trouver du sable au Sahara"*, il y a fort à parier que vous n'obtiendrez pas les taux de conversions que vous attendiez.

Ce qu'il faut savoir, c'est que la chose la plus importante que doit réaliser votre cadeau gratuit est d'aider les prospects de votre thématique à aller de là où ils sont maintenant vers là où ils veulent être de la manière la plus rapide.

Voici donc ci-après les deux choses que doit absolument respecter le contenu de votre cadeau pour avoir l'assurance qu'il soit irrésistible auprès des prospects de votre thématique.

1- Quel est le désir le plus fort de votre audience.

Si votre thématique concerne la finance, le désir le plus fort de votre audience est peut-être d'économiser de l'argent, de faire plus d'argent, ou faire de meilleures affaires.

Identifiez ce que les gens veulent le plus dans votre thématique.

Si vous faites la promotion de vos propres produits, vous devriez pouvoir le trouver très rapidement et facilement quel est le besoin numéro 1 des gens dans votre marché.

Si vous faites la promotion d'un produit d'affiliation, ce besoin numéro 1 est souvent mis en évidence dans la page de vente du produit en question.

Veulent-ils gagner de l'argent ? Veulent-ils perdre du poids ? Veulent-ils trouver l'âme soeur ? Veulent-ils apprendre à avoir plus confiance en eux ?

Trouvez le désir le plus fort des gens de votre thématique, puis créez votre titre et votre rapport PDF autour de ça.

Petit conseil supplémentaire : vous chercherez à apporter une partie de la solution à ce désir le plus fort, mais surtout pas toute la solution.

Le but est de vraiment aider les gens en fournissant un cadeau de haute qualité, mais sans raconter toute l'histoire.

Vous chercherez donc à faire un cadeau qui soit *"utile mais incomplet."*, comme l'a dit le marketeur Jimmy Brown.

En effet, votre rapport PDF aura aussi pour but d'éveiller leur intérêt pour acheter un ou plusieurs de vos produits, qui eux apporteront la solution complète.

Par exemple, si vous avez un produit payant qui consiste en une formation expliquant comment réussir dans le marketing d'affiliation, alors vous pouvez faire un rapport PDF listant les cinq meilleures plateformes d'affiliation mais sans aller plus loin.

Pour savoir comment utiliser ces plateformes, ils devront acheter votre produit.

Ne racontez donc jamais toute l'histoire dans votre cadeau gratuit, sinon vous risquez de tuer l'intérêt qu'auront les gens pour votre ou vos produits payants.

2- Quel est le désir le plus fort de votre audience.

Certaines personnes ont l'idée reçue qu'un cadeau gratuit doit être quelque chose de générique dont tout le monde peut tirer profit.

Il faut savoir que faire ce type de cadeau gratuit ne fonctionne vraiment pas très bien.

Ainsi, si votre audience est essentiellement composée de femmes, parlez-leurs de leurs besoins et pas des besoins des hommes.

Si votre audience est majoritairement composée de personnes de plus de 65 ans, parlez-leur des besoins spécifiques qu'ils ont à partir de cet âge là.

Ce dont a besoin une personne de 25 ans et ce dont a besoin une personne de 65 ans sont des choses radicalement différentes.

Faites donc votre cadeau gratuit de manière à ce qu'il soit spécifique à votre audience, afin que votre audience puisse s'y identifier. C'est très important.

Ainsi en respectant ces deux facteurs dans votre contenu, vous vous assurerez d'obtenir un cadeau irrésistible, que vos prospects vont s'arracher.

Ceci termine ce deuxième module.

Vous avez maintenant la réponse à la question de savoir si vous avez à tout prix besoin d'un cadeau gratuit.

Vous connaissez aussi le meilleur type de cadeau gratuit pour obtenir le maximum de conversions, et savez comment le créer pour qu'il soit irrésistible.

Il est possible que vous vous disiez, comme se le disent beaucoup de gens : *"Il y a tellement de cadeaux gratuits qui pullulent sur Internet que le mien ne sera même pas remarqué et personne n'en voudra."*

Sachez que si vous respectez les conseils ci-dessus, vous serez en mesure de créer un cadeau gratuit que les gens vont vraiment vouloir, très facilement.

Rappelez-vous que si vous ne souhaitez pas créer vous-même votre cadeau gratuit, vous pouvez considérer de le faire sous-traiter, ou encore d'utiliser les droit de labels privés qui sont d'excellentes fondations pour un cadeau gratuit.

Pour rappel, un droit de label privé signifie que l'auteur original (par exemple un ebook) vous autorise à utiliser son produit comme si vous l'aviez créé.

Vous pouvez donc vous en servir comme source d'inspiration et créer les types de rapports vus précédemment très rapidement en sélectionnant une petite fraction du produit de droit de label privé.

Il reste maintenant à voir une partie capitale, et certainement la plus importante de toute la formation : quoi écrire exactement sur votre landing page.

MODULE #3: QUOI ÉCRIRE EXACTEMENT SUR VOTRE LANDING PAGE.

A la fin de ce module, vous aurez totalement écrit ce que vous devez mettre sur votre landing page qui sera prête à utiliser et à vous rapporter un taux de conversion maximal en ligne.

Ecrire la copie et le copywriting d'une page de capture demeure un mystère pour la très grande majorité des gens qui se disent :

"Qu'est ce que je dois écrire sur cette page ? Je suis prêt à créer ma landing page au niveau technique, mais je ne sait pas quoi dire."

C'est le syndrome bien connu de la page blanche, et il n'y a rien de plus effrayant qu'une page blanche.

Vous allez découvrir une formule de copywriting prouvée en trois points et prête à utiliser, qui vous apportera des taux de conversion qui vont très certainement vous bluffer.

Mais juste avant, voyons certains principes clés que doit à tout prix respecter votre landing page pour avoir un maximum de résultats.

Le principe clé que doit à tout prix respecter votre landing page.

Ce principe clé consiste à en dire le moins possible dans votre landing page et être le plus bref possible.

Gardez toujours en tête que vous avez moins de 5 secondes pour faire se décider la personne de s'inscrire ou non à votre mailing liste.

Vous n'avez donc pas le temps de faire la causette ou de le forcer à lire de longs paragraphes avant de se décider.

En effet, il faut savoir que les gens aujourd'hui sont tous pressés en permanence.

Ils font souvent même plusieurs choses à la fois, et pendant qu'ils consultent votre page web, ils sont en même temps en train d'envoyer un sms et de manger un sandwich.

Vous devez donc être suffisamment concis et percutant pour que votre landing page puisse convaincre en moins de 5 secondes.

Votre titre doit instantanément capter leur attention, et votre liste de points doit être irrésistible (vous verrez exactement comment écrire tout ça juste après).

Ainsi, une copie trop longue pour votre landing page va faire chuter vos taux de conversion.

Vous ne voulez surtout pas mettre un article ou une partie d'article sur une squeeze page.

Cependant, vous êtes parfois obligé d'ajouter davantage de contenu pour que votre squeeze page soit acceptée par des services comme Google Adwords.

Google Adwords n'aime en effet pas les pages de capture car elles n'apportent en général que très peu de contenu.

Ainsi, vous devez parfois ruser pour faire accepter votre squeeze page dans leur programme en faisant ce qui s'appelle une "reverse squeeze page" ou squeeze page inverse, sur laquelle vous devez mettre plus de contenu.

Faites donc au mieux dans le cas où vous utilisez ce genre de services payants pour générer du trafic, mais gardez toujours en tête de faire votre landing page la plus courte possible.

La formule en trois points pour écrire votre landing page comme un copywriter d'élite.

Vous allez ici découvrir une formule en trois points qui va vous permettre d'écrire votre landing page aussi efficacement qu'un copywriter professionnel.

Il s'agit de la structure d'une landing page dite traditionnelle, qui se compose des trois points suivants :

- Un titre.

- Une liste de points.

- Un appel à l'action.

Que vous débutiez ou que vous soyez un marketeur confirmé, cette formule est la valeur la plus sûre que vous puissiez utiliser.

En effet, cette structure de landing page traditionnelle a très largement fait ses preuves au fil du temps, et permet toujours d'obtenir des taux de conversion bluffants.

Elle va vous permettre de partir sur une base solide et complète, avec laquelle vous pouvez être sûrs de faire un carton, même si vous débutez.

Nous n'allons donc pas parler ici des pages de capture qui ne possèdent qu'un seul titre, qui ne sont rien d'autre qu'une version simplifiée de la landing page traditionnelle à laquelle on a supprimé la liste de points.

Une fois que vous maîtriserez la landing page traditionnelle, vous pourrez si vous le souhaitez faire d'autres tests et notamment supprimer cette liste de points pour ne garder que le titre seul.

Le but ici est donc de vous montrer une formule complète, et il vous appartiendra ensuite de supprimer des éléments de cette formule selon les résultats que vous aurez avec vos split-tests, et selon l'expérience que vous aurez acquise dans l'écriture de landing pages.

Ainsi, lorsqu'on parle de landing page traditionnelle on parle de ce type de modèle vu au tout début :

Cette page comprend un titre en rouge, un sous-titre qui est optionnel, une liste de points, puis un appel à l'action symbolisé par le bouton vert *"Download Now."*

En voici une autre :

Cette autre landing page contient un titre en bleu *"How To Get Target Trafic ..."*, un sous-titre *"Activate The Traffic Loophole..."*, une liste de quatre points, et un appel à l'action symbolisé à la fois par le texte en bleu *"Yes, I Want To Get Started ..."*, et aussi par le bouton orange *"Get Started Now !"*

Cette formule en trois points, bien que très simple, donne pourtant des résultats de conversion incroyables, encore et encore.

Par exemple, le propriétaire de la page ci-dessus possède une mailing liste gigantesque de 800 000 personnes.

Donc lorsqu'il fait une squeeze page traditionnelle comme celle ci dans le but de capturer des prospects, vous pouvez être certains qu'il sait exactement ce qu'il fait.

Non seulement ce type de page fonctionne, mais il cartonne.

Voyons voir maintenant en détails comment écrire chacun des trois éléments qui composent votre landing page traditionnelle.

1- Ecrire votre titre.

Le titre de votre landing page est ce qu'il y a de loin de plus important.

En effet, 80% des décisions (s'inscrire sur votre mailing liste, acheter un produit etc.) vont être faites par le titre seul.

Si on prend l'exemple de lettres de ventes pour l'achat d'un produit, le grand copywriter David Ogilvy a déclaré dans son livre *Ogilvy on advertising*:

"En moyenne, il y a cinq fois plus de personnes qui lisent les titres que le contenu de la lettre de vente".

De la même manière, John Caples qui était une autorité mondiale sur le test des lettres de vente a insisté sur l'impact que le titre a sur les décisions d'achat:

"75% des décisions d'achat sont faites par le titre seul."

Vous comprenez maintenant l'importance qu'a le titre dans une landing page.

Vous allez maintenant découvrir une façon très efficace d'écrire un titre gagnant, même si vous n'y connaissez absolument rien en copywriting (ce qui est le cas de la plupart des personnes qui veulent vendre en ligne mais dont la spécialité est toute autre (santé, cuisine, sport etc.)).

Premièrement, votre action va consister à visiter le top 10 des sites de votre marché de niche, et à vous inspirer des titres que ces sites utilisent.

Si vous ne connaissez pas les 10 meilleurs sites de votre thématique, pas de problèmes.

Choisissez dans ce cas vos 10 sites préférés dans cette même thématique.

N'oubliez pas non plus de regarder en plus d'autres gros sites hors de votre thématique, comme par exemple les sites de news tels que Yahoo News.

Ce genre de sites possède la plupart du temps une horde de copywriters talentueux qui travaillent pour eux.

Par contre, veillez à ne jamais recopier le même titre que quelqu'un d'autre.

Vous ne cherchez pas à voler, mais à vous inspirer pour reproduire le succès des autres.

S'inspirer des titres qui fonctionnent est quelque chose d'extrêmement puissant lorsque c'est bien fait. C'est-à-dire sans les recopier mot pour mot, et en les adaptant.

Afin de capitaliser tous les titres intéressants que vous découvrez, vous pouvez vous créer par exemple un fichier Excel de tous les titres que vous voyez et qui retiennent votre attention.

On appelle ce genre de fichier un fichier swipe.

Vous allez ainsi vous créer au fil du temps une base de données énorme qui sera pour vous un véritable trésor de guerre dans lequel vous pourrez puiser à chaque fois que vous en aurez besoin.

Lorsque vous créerez votre titre, pensez aussi toujours à utiliser la formule de Gary Bencivenga qui est probablement le meilleur copywriter de tous les temps, afin d'obtenir instantanément un intérêt fort.

Cette formule consiste à ce que votre titre respecte cette équation simple :

Bénéfice + Curiosité = Intérêt

Autrement dit pour créer de l'intérêt, votre titre doit honorer les deux composantes du bénéfice et de la curiosité.

L'intérêt de votre titre sera donc proportionnel à la puissance de chacune de ces deux composantes.

La première est donc d'apporter un bénéfice fort. Parlez ici du désir le plus fort, de ce que veut le plus obtenir votre audience.

La deuxième consiste à créer de la curiosité. Un très bon moyen pour créer de la curiosité est de faire une promesse ou une déclaration qui soit la plus spécifique possible.

Par exemple :

"Donnez-moi 24 minutes et je vous apprendrais à jouer au foot comme Zidane."

En opposition avec un titre général du style:

"Suivez cette formation et vous apprendrez à bien jouer au foot."

Vous voyez un peu la différence de curiosité créée dans le fait d'être spécifique ?

Le premier titre est bien plus puissant que le deuxième car il est plus spécifique. Dans ce cas, ce sont les "24 minutes" et "Zidane" qui sont très spécifiques, et créent la curiosité.

Pour créer un titre qui marche, il y a certaines formules prouvées qui fonctionnent très bien.

Voyons voir en page suivante 20 templates qui fonctionnent très bien pour créer un titre irrésistible, afin de vous permettre de démarrer immédiatement.

20 templates pour créer des titres irrésistibles.

Ces templates sont très simples à utiliser. Gardez la formule de Gary Bencivenga vue précédemment en tête, remplissez les blancs et votre titre est prêt !

Des exemples vont être donnés pour les trois premiers templates pour vous montrer comment les utiliser.

1- Comment X en Y.
Ici, X est le bénéfice principal, et Y est un cadre temporel.

Par exemple :

"Comment perdre 7 kg en 6 jours."
"Comment gagner 1000€ en 48 heures."
"Comment obtenir des abdominaux d'acier en moins d'une semaine."

2- Pourquoi Votre _____ Ne _____.
Pourquoi votre travail ne vous rendra pas plus riche.
Pourquoi votre régime ne vous fera pas maigrir.

3- Le Moyen Le Plus Rapide De _____.
Le moyen le plus rapide de perdre 14 kilos.
Le moyen le plus rapide de rencontrer votre âme soeur.

4- Voici Un Raccourci Pour _____.

5- Ceci Ruine La Plupart _____.

6- Le Guide Ultime Pour _____.

7- La Raison #1 Pour Laquelle _____ Echouent.

8- Mon Système En _____ Etapes Pour _____.

9- Comment _____ En Seulement _____!

10- Voulez-Vous _____?

11- Qui D'Autre Veut _____?

12- Maintenant Vous Pouvez _____!

13- Arrêtez _____ Et Commencez _____!

14- Comment J'Ai _____ En Moins De _____.

15- La Vérité Sur Comment _____.

16- Comment _____ Aujourd'hui En Partant De Rien.

17- Osez _____.

18- Besoin De _____?

19- Voulez-Vous Suivre _____ Etapes/Trucs Pour _____?

20- Aimeriez-Vous _____?

Un autre paramètre dont il faut tenir compte quand vous écrivez un titre est sa longueur.

Vous essaierez de garder votre titre le plus court possible car rappelez-vous que vous avez moins de 5 secondes pour convaincre les gens de s'inscrire.

Un titre qui est un pavé de 40 mots va plutôt être rebutant.

Idéalement, vous chercherez à écrire un titre en huit mots ou moins.

Ce n'est évidemment pas une catastrophe si vous dépassez de quelques mots, mais essayez d'avoir un titre le plus court possible. Ce sont en général ceux-ci qui convertissent le mieux.

Ainsi, pour récapituler et créer un titre gagnant :

- Gardez en tête la formule de Gary Bencivenga et le fait d'avoir le titre le plus court possible, idéalement de huit mots ou moins.

- Utilisez les templates de titres vus précédemment.

- Créez-vous un fichier swipe qui contient les titres que vous jugez pertinents parmi le top 10 des sites de votre niche.

- Inspirez-vous du succès de ces titres pour créer le vôtre mais sans les recopier mot-à-mot.

- Créez un titre qui vous semble percutant, puis mettez-le sur votre site web et testez-le.

Cette procédure est la seule à vraiment connaître car il n'y a pas un seul et unique bon moyen de créer un titre gagnant.

Personne ne peut en effet prétendre écrire le titre parfait, pas même les meilleurs copywriters.

Vous pouvez embaucher un copywriter et le payer 25 000 euros, mais ce n'est pas pour ça qu'il écrira le titre parfait.

Mais vous pouvez écrire un titre qui vous donnera des résultats incroyables si vous suivez la procédure que vous venez de voir.

Notez que vous pouvez aussi écrire un sous-titre si votre titre est trop long.

Le seul but d'un sous-titre est de compléter ou préciser votre titre.

Aussi, il est nettement mieux de couper un titre très long en faisant un titre principal court et en rajoutant un sous-titre en dessous.

Cela dit si vous avez réussi à faire un titre court, rajouter un sous-titre est absolument inutile.

D'un point de vue design, les couleurs de titres qui fonctionnent en général le mieux sont le rouge et le noir, avec des résultats légèrement meilleurs pour le rouge.

Vous pouvez donc commencer vos tests avec ces couleurs là si vous le souhaitez.

Pour ce qui est de la taille de police pour vos titres sur Internet, une bonne taille se situe en général à 60 pixels ou plus.

Par exemple, 70 px sur un site utilisant Wordpress est une bonne taille de police et qui fonctionne bien.

Enfin une dernière règle qui vous servira lorsque vous ferez des tests de différents titres :

Les mots les plus importants d'un titre sont les trois premiers et les trois derniers. Ainsi quand vous voudrez améliorer un titre, pensez à changer en priorité les mots situés à ces deux endroits stratégiques.

2- Ecrire la liste de points.

Voici un processus redoutablement efficace pour écrire la liste de points de votre landing page de la meilleure manière possible.

La première chose consiste à faire une liste des 10 raisons les plus importantes pour lesquelles une personne devrait acheter le produit ou le service dont vous faites la promotion.

Classez ensuite ces raisons de la plus importante à la moins importante. Utilisez pour ça votre ressenti personnel.

En effet, vous ne pouvez pas savoir objectivement quelle est la raison la plus importante pour l'ensemble des gens qui iront sur votre landing page. Chaque personne étant différente, chacun aura son propre ressenti.

C'est pour ça que vous ferez ce classement selon vos propres priorités, sans vous mettre dans la tête des autres.

Ensuite, utilisez seulement les cinq points les plus importants de ce classement.

Idéalement, vous utiliserez au minimum trois points, et au maximum cinq.

Cette méthode va peut-être sembler d'une simplicité enfantine pour certaines personnes.

Et pourtant, vous n'avez vraiment pas besoin d'en faire plus pour avoir quelque chose qui fonctionne.

Si possible, commencez chacun des points avec un mot d'action. Vous chercherez à avoir des mots actifs en début de chaque point, et pas des mots passifs.

Par exemple :

- Apprenez à faire...
- Découvrez le secret pour...
- Réduisez/Augmentez votre....

3- Un appel à l'action.

Maintenant, il vous reste à écrire votre appel à l'action.

Il s'agit des mots magiques qui vont pousser les gens à cliquer sur le bouton pour rejoindre votre mailing liste.

Pour faire un appel à l'action qui fonctionne, commencez par utiliser des mots actifs, des verbes d'action.

L'appel à l'action est constitué par exemple par les mots qui vont sur le bouton de votre landing page : *"Cliquez ici pour un accès immédiat."*

C'est pourquoi il est très important de ne pas faire de fantaisies et de délivrer un appel à l'action clair et sans aucune ambiguïté.

Plus votre appel à l'action sera simple, mieux il fonctionnera.

En effet, si vous voulez que quelqu'un clique sur un bouton, quel est d'après-vous le moyen le plus facile au monde pour le faire cliquer sur le bouton ?

C'est de dire tout simplement : "Cliquez ici pour ...", quel que soit le bénéfice que vous y mentionnerez.

Par exemple :

- Cliquez ici pour économiser 50% tout de suite.

- Cliquez ici pour découvrir la formule secrète.

- Cliquez ici pour trouver l'âme soeur.

Ne soyez pas fantaisiste, ce qui est simple est ce qui fonctionne le mieux.

Au niveau du design des boutons, ce qui fonctionne le mieux sont en général les boutons larges et très visibles, voire ludiques.

Si vous avez choisi de créer votre propre design de page de capture, vous pouvez très facilement créer votre bouton d'appel à l'action en moins d'une minute en utilisant des générateurs de boutons en ligne gratuits tels que Da Button Factory (http://dabuttonfactory.com) ou Button Optimizer (http://buttonoptimizer.com/).

Pour terminer ce module, récapitulons maintenant la formule complète pour écrire votre page de capture.

Ecrivez tout d'abord votre titre, ainsi qu'un sous-titre si vous le souhaitez. Le sous-titre est optionnel et pas vraiment important, c'est pourquoi nous ne l'avons parcouru que très brièvement.

Cependant, si vous obtenez un titre vraiment trop long, vous préférerez le découper en faisant un titre court et un sous-titre qui complétera votre titre.

Ensuite, écrivez votre liste de points, au minimum trois et au maximum cinq.

Puis écrivez enfin votre appel à l'action.

Ceci termine ce troisième module.

Vous possédez désormais la formule la plus prouvée sur Internet pour réaliser une page de capture qui converti.

C'est cette même formule qu'utilisent les sites qui génèrent des millions d'euros.

C'est cette même formule qu'emploient les entreprises qui font 50 millions d'euros par an.

Cette formule est vraiment ce qui fonctionne à chaque fois, peu importe le marché de niche dans lequel vous êtes.

Telle est donc la formule pour écrire vos landing pages.

Utilisez-là jusqu'à ce qu'elle fonctionne bien pour vous. Puis, si vous voulez tester d'autres idées par la suite, faites-le.

Voici un problème qui revient très souvent sur Internet.

Les gens vont apprendre une formule qu'ils vont essayer rapidement un peu par curiosité, mais sans vraiment persévérer jusqu'à ce qu'elle fonctionne pour eux.

Puis au bout de un ou deux essais, ils vont se dire que ça ne fonctionne pas et passer à autre chose.

Ne faites pas ça ici. Si vous envisagez de faire une page de capture, utilisez cette formule du mieux que vous pouvez et laissez-là fonctionner pour vous.

Une fois qu'elle fonctionne réellement bien pour vous, alors vous pourrez passer à autre chose.

Vous pourrez alors tenter de faire une landing page plus courte ou plus longue, avec des listes de points ou pas etc.

Ceci termine donc ce troisième module, et vous savez maintenant exactement comment écrire votre landing page pour avoir un maximum de résultats en termes de conversion.

Vous allez maintenant voir dans le quatrième et dernier module comment aller encore plus loin dans vos taux de conversion en améliorant votre landing page en permanence grâce au split-testing.

MODULE #4: AMÉLIOREZ ENCORE PLUS VOTRE LANDING PAGE AVEC LE SPLIT-TESTING.

Vous connaissez désormais tout ce dont vous avez besoin de savoir pour créer une page de capture qui vous donnera d'entrée de jeu, dès la première version, des taux de conversion record.

Cela dit, comme vous avez pu le voir, il n'existe pas un seul et unique moyen de créer une landing page qui converti, et encore moins de formule miracle rigide et figée qui vous ferait échouer si jamais vous modifiez un seul petit élément.

Par ailleurs, même le meilleur marketeur au monde ne peut prétendre réussir à faire la page de capture parfaite du premier coup.

C'est pourquoi, même si cette formation vous assurera un démarrage des plus solides et d'obtenir dès la première version de votre landing page des résultats nettement meilleurs que certains marketeurs qui en créent depuis des années, vous allez toujours pouvoir améliorer davantage votre version initiale grâce au split-testing.

Le split-testing est une sorte d'amélioration continue de votre landing page, en répartissant les visiteurs sur plusieurs versions de votre page de capture et en regardant celles qui ont donné les meilleurs taux de conversion.

Par exemple, vous testez votre version originale et une autre version avec le titre d'une couleur différente, ou avec une liste de points différente.

Vous allez voir ici la démarche la plus efficace pour réaliser des split-tests pour votre landing page.

Ce que je vous conseille vivement est donc de ne toujours tester que deux versions de votre landing page en même temps (c'est ce qu'on appelle le A/B Testing).

De cette manière vous éviterez de vous mélanger les pinceaux en ayant à analyser trop de paramètres.

De la même façon, ne faites varier qu'un seul paramètre à la fois dans vos landing pages, sinon vous n'arriverez pas à identifier le paramètre responsable d'un meilleur résultat de conversion.

Voici quelques exemples d'A/B tests:

Exemple 1:
Version A avec un bouton rouge.
Version B avec un bouton vert.

Exemple 2:
Version A avec un titre 1.
Version B avec un titre 2.

Exemple 3:
Version A avec une liste de trois points.
Version B avec une liste de cinq points.

Etc.

Pour chaque test, sélectionnez la landing page ayant donné le meilleur taux de conversion, et remplacez la version perdante par une nouvelle qui testera un autre paramètre.

Bien entendu, il faut attendre d'avoir eu un nombre suffisant de conversions pour avoir un échantillon représentatif pour désigner la page donnant les meilleurs résultats.

Faites ceci indéfiniment pour améliorer en permanence vos landing pages, et testez toujours deux versions différentes simultanément.

Travaillez votre test étape par étape, élément par élément.

Même si le split-testing prend du temps, c'est la manière la plus efficace d'obtenir des taux de conversions toujours meilleurs.

Quels outils utiliser pour faire du split-testing.

Le meilleur outil pour faire du split-testing est gratuit, il s'agit de Google Analytics (https://www.google.com/analytics/).

Il est très simple à mettre en place. Il suffit de coller des codes tout faits en haut ou en bas des différentes versions de vos landing pages.

L'outil envoie alors automatiquement les visiteurs vers l'une ou l'autre des versions.

Les conversions sont mesurées par un code qui analyse le nombre de visites sur la page sur laquelle les visiteurs sont redirigés dès qu'ils ont cliqué sur le bouton pour s'inscrire à votre mailing liste (par exemple la page de remerciement, ou la page qui leur permet de télécharger leur cadeau gratuit).

Comme je l'ai expliqué précédemment, je vous conseille de n'utiliser que l'option A/B Testing de Google Analytics et pas les tests à plusieurs variables.

Un service comme LeadPages vous propose aussi une option vous permettant de faire des tests A/B des pages de capture que vous créerez avec ce même service.

Vous avez également des plugins Wordpress excellents qui vous permettent de le faire, tels que Optimizely (https://wordpress.org/plugins/optimizely/), ou encore Wordpress Landing Pages (https://wordpress.org/plugins/landing-pages/).

Il en existe encore bien d'autres, et vous trouverez très facilement l'outil qui vous convient le mieux pour faire des tests A/B.

Ceci termine ce quatrième et dernier module.

Vous connaissez désormais l'importance de faire des split-tests, même si vous démarrez déjà avec une version qui vous donnera des résultats qui n'ont plus rien à voir avec ce que vous pouviez obtenir jusqu'à présent.

En effet, aussi efficace que puisse être une formule de création d'une landing page, il est toujours possible de l'améliorer en permanence, et même le meilleur marketeur au monde ne fera pas une landing page qui obtient le taux de conversion le plus élevé dès sa première version.

Vous savez donc la démarche exacte à faire pour tester efficacement vos landing pages en utilisant les tests A/B.

Ainsi, vous voudrez toujours ne tester que deux versions d'une même page simultanément, et un seul paramètre à la fois.

Vous connaissez également les meilleurs outils pour faire du split-testing, et améliorer davantage et en permanence les taux de conversion de la version initiale de votre landing page.

Cette formation touche désormais à sa fin, et il reste à en faire la conclusion en page suivante.

CONCLUSION.

Au cours de cette formation, vous avez pu créer une landing page qui converti et qui va vous apporter des taux de conversion bluffants que vous n'aviez certainement jamais atteint auparavant.

Ainsi, vous avez vu dans un premier module les meilleurs moyens pour créer la trame de votre landing page d'un point de vue technique.

La technique est bien souvent un des paramètres qui freine le plus les débutants, et vous connaissez désormais les façons les plus efficaces de créer votre landing page en seulement quelques clics de souris, sans même avoir besoin de connaître quoi que ce soit en technique.

Vous avez également profité de ce premier module pour refaire un point sur ce qu'est exactement une landing page, son but, et surtout situer son rôle dans l'ensemble du processus de fonctionnement d'un business en ligne durable.

Ensuite, vous avez vu dans un deuxième module comment créer un cadeau gratuit irrésistible à donner en échange d'une inscription à votre mailing liste.

Vous avez dans un premier temps eu la réponse à la question de savoir si vous pouvez tout de même vous lancer sans avoir préparé de cadeau gratuit.

Ensuite, vous avez vu les meilleurs types de cadeaux gratuits qui donnent les taux de conversion les plus élevés.

Puis vous avez vu comment créer exactement votre cadeau gratuit et quel contenu mettre pour le rendre irrésistible et faire baver d'envie les gens qui voudront le posséder à tout prix.

Grâce au troisième module, vous êtes devenu un pro du copywriting de votre landing page. Ce module vous a expliqué exactement quoi écrire sur votre landing page pour maximiser vos taux de conversion.

A l'aide de ces trois premiers modules, vous avez ainsi pu créer une première version complète de votre landing page, et optimisée à tous les niveaux possibles :

- D'un point de vue technique (et donc design) dans le module 1.
- Par la qualité du cadeau gratuit dans le module 2.
- Par l'intérêt suscité par le copywriting dans le module 3.

La combinaison des optimisations apportées par chacun des trois modules va ainsi vous donner des taux de conversion que vous n'aviez probablement jamais vu auparavant.

Mais vous ne vous êtes pas arrêtés là.

C'est ainsi que le module 4 vous a permis de voir exactement comment faire du split-testing afin d'entrer dans une démarche d'amélioration continue et d'augmenter encore plus vos taux de conversion au fil du temps.

Si vous appliquez les conseils de cette formation, vous allez pouvoir décupler les taux de conversion de n'importe quelle landing page en seulement une poignée de minutes, et vous pourrez aller jusqu'à tripler vos ventes, voir même davantage.

Vous pourrez ainsi créer en quelques minutes autant de pages de capture que vous voulez avec des taux de conversion impressionnants, dans n'importe quel marché de niche, et voir vos ventes et le nombre de vos prospects qualifiés monter en flèche.

Je vous envoie donc tous mes voeux de succès avec vos landing pages, et à bientôt j'espère pour une nouvelle formation.

A PROPOS DE L'AUTEUR.

Rémy Roulier est un ancien ingénieur informatique et responsable marketing dans une multinationale. Il est aujourd'hui digital nomad et voyage partout dans le monde, et a acquis depuis plus de dix ans une véritable expertise dans le marketing internet et le développement personnel.

Il partage aujourd'hui ses outils et son expérience pour permettre aux autres d'atteindre également leur indépendance financière et de façonner leur vie telle qu'ils la désirent vraiment.

CRÉATIONS DU MÊME AUTEUR.

Retrouvez mes nombreuses créations directement sur Amazon.

En voici aussi quelques-unes qui peuvent vous servir :

VENDRE EN VIDEO COMME UN PRO:
LA NOUVELLE FAÇON LA PLUS SIMPLE ET RAPIDE DE CREER UNE VIDEO DE VENTE ET PAGE DE VENTE VIDEO QUI CONVERTI.
Découvrez un système complet et unique en pas-à-pas pour réaliser des vidéos de vente en partant de rien. De l'équipement à la création de votre argumentaire de vente, en passant par les techniques pour amener de la présence et pour minimiser votre temps de montage vidéo, vous saurez comment obtenir des taux de conversion record dignes des meilleurs marketeurs, de la manière la plus simple, rapide, et sans vous ruiner.

TITRES QUI VENDENT:
DANS 47 MINUTES VOUS ECRIREZ DES TITRES FACEBOOK, ADWORDS, BLOG, PAGE DE VENTE, EMAIL COMME UN PRO DU COPYWRITING!
Découvrez les secrets et les 101 meilleurs templates pour créer des titres chocs qui vont vous rapporter (très) gros, et acquérir les compétences des meilleurs copywriters en seulement 47 minutes!

ECRIRE UN EBOOK IRRESISTIBLE EN UN WEEK-END:
LA NOUVELLE METHODE POUR ECRIRE UN LIVRE QUE LES LECTEURS
ADORENT, PRET A VENDRE LUNDI MATIN.

Laissez-vous guider par une procédure simple et d'une efficacité redoutable pour créer en seulement un week-end un ebook que les gens vont s'arracher, même si vous n'êtes pas expert dans un domaine.

DEVENIR RICHE EN 42 JOURS:
LA METHODE PAS-A-PAS POUR.GAGNER DE L'ARGENT SUR INTERNET ET
VIVRE SES REVES EN PARTANT DE RIEN.

Une méthode prouvée qui vous guide pas-à-pas et vous permet d'atteindre votre indépendance financière en 42 jours grâce à Internet, même si vous démarrez actuellement de rien. Un must à ne pas manquer.